Vender más bocadillos

Vickie An

✳ Smithsonian

Autora contribuyente

Heather Schultz, M.A.

Asesoras

Ashley R. Young, Ph.D.
Historiadora
National Museum of American History

Tamieka Grizzle, Ed.D.
Instructora de laboratorio de CTIM de K-5
Escuela primaria Harmony Leland

Stephanie Anastasopoulos, M.Ed.
TOSA, Integración de CTRIAM
Distrito Escolar de Solana Beach

Créditos de publicación

Rachelle Cracchiolo, *M.S.Ed., Editora*
Diana Kenney, M.A.Ed., *NBCT, Realizadora de la serie*
Véronique Bos, *Directora creativa*
Caroline Gasca, M.S.Ed., *Gerenta general de contenido*
Smithsonian Science Education Center

Créditos de imágenes: pág.5 (superior) National News/Zuma Press/
Newscom; pág.7 (superior) Don Mammoser/Alamy; pág.8 (recuadro) Getty
Images; pág.10 (inferior) Agricultural Research Service/U.S. Department of
Agriculture/Science Source; pág.11 (superior) Robert Landau/Alamy; pág.15
(inferior) 06photo/Shutterstock; pág.19 Radu Bercan/Shutterstock; pág.20
(inferior) Jeff Miller/University of Wisconsin-Madison; pág.27 Reuters/Gleb
Bryanski; todas las demás imágenes cortesía de iStock y/o Shutterstock.

Library of Congress Cataloging-in-Publication Data

Names: An, Vickie, author. | Smithsonian Institution, editor.
Title: Vender más bocadillos / Vickie An.
Other titles: Selling more snacks. Spanish
Description: Huntington Beach, CA : Teacher Created Materials, [2022] |
 Translation of: Selling more snacks. | Audience: Grades 4-6 | Summary:
 "What snacks does your family like to stock up on? With so many options
 these days, it might be hard to choose a favorite. People who work in
 food science are always creating new snacks and improving old recipes.
 Innovations in food have made snacking easier and more delicious than
 ever!"-- Provided by publisher.
Identifiers: LCCN 2021044092 (print) | LCCN 2021044093 (ebook) | ISBN
 9781087643724 (paperback) | ISBN 9781087644196 (epub)
Subjects: LCSH: Snack foods--Juvenile literature. | Nutrition--Juvenile
 literature. | Snack food industry--Juvenile literature.
Classification: LCC TX370 .A52413 2019 (print) | LCC TX370 (ebook) | DDC
 641.5/3--dc23

Teacher Created Materials

5301 Oceanus Drive
Huntington Beach, CA 92649-1030
www.tcmpub.com

ISBN 978-1-0876-4372-4

Contenido

Una pasión nacional

Llegas de la escuela con el estómago rugiendo. "¡Dame de comer!", te pide. Entonces, entras en la cocina para buscar un bocadillo. ¿Qué sueles escoger? ¿Tomas una barra de cereales? ¿O una bolsa de galletas con sabor a queso? ¿O tal vez prefieras zanahorias en miniatura? Escojas lo que escojas, tienes muchas opciones. Eso se debe a que hoy es más fácil que nunca encontrar todo tipo de bocadillos.

Los bocadillos se han convertido en una parte normal del día de muchas personas. Desde palomitas de maíz o manzanas hasta yogur o helado, si vas a cualquier tienda encontrarás esos y todo tipo de refrigerios deliciosos en los escaparates. Esos y otros alimentos se hicieron populares en la **revolución** de los bocadillos que se produjo en la década de 1950. Desde entonces, las **innovaciones** en los alimentos han hecho que sea más fácil comer bocadillos en cualquier parte. Y hay más opciones que nunca.

La bolsa de papas fritas más grande del mundo pesó más de 1,140 kilogramos (2,515 libras). ¡Es lo que pesa un carro pequeño!

Los bocadillos a través de los años

Algunos de los bocadillos que comemos hoy existen desde hace mucho tiempo. Las palomitas de maíz y los *pretzels* son dos de los bocadillos más antiguos del mundo. Pero ¿cuál fue el primero? Los historiadores no están seguros. Algunos dicen que las palomitas se inventaron antes. Ese bocadillo aireado se hace con maíz. Tiene miles de años de antigüedad. Una de las mazorcas de maíz más antiguas que se usó para hacer palomitas se encontró en Perú, un país de América del Sur. En aquel entonces, las personas asaban las mazorcas hasta que los granos se abrían.

Una explosión de palomitas

Las palomitas de maíz se hicieron muy populares a mediados del siglo XVIII. Fue entonces cuando la siembra de maíz se extendió por todo Estados Unidos. A muchos les gustaba ese bocadillo aireado porque era sabroso y barato. Con el tiempo, las personas empezaron a comer palomitas en ferias, parques y cines. La invención de las palomitas para horno de microondas, a mediados de la década de 1980, hizo que fuera aún más fácil hacerlas en casa.

Un hombre hace palomitas de maíz en un mercado de la India.

MATEMÁTICAS

El secreto de las palomitas

La mayor parte del maíz que se usa para las palomitas se cultiva en Estados Unidos. Pero las disfrutan personas de todo el mundo. Cada grano tiene una cubierta externa dura llamada cáscara. Dentro de cada cáscara hay una pequeña gota de agua rodeada por **almidón**. La mayoría de los granos de maíz explotan cuando la temperatura interior está entre 200° y 240° Celsius (entre 400° y 460° Fahrenheit). El agua se convierte en vapor. La presión del vapor se acumula hasta que, finalmente, la cáscara se rompe y el interior estalla hacia fuera.

Un bocadillo retorcido

El *pretzel* también tiene una larga historia. Pero nadie sabe con seguridad quién hizo el primer *pretzel*. Cuenta una **leyenda** que unos **monjes** italianos inventaron este bocadillo en una versión más blanda, hace unos 1,500 años. Los monjes doblaban la masa para darle la forma de brazos cruzados en oración. Usaban los bocadillos horneados como recompensa para los estudiantes. Algunos dicen que la palabra *pretzel* viene de la palabra *pretiola*. En latín, significa "pequeña recompensa".

Los *pretzels* duros se hicieron por primera vez en Estados Unidos, en 1861. Su historia también está rodeada de leyendas. Cuentan que Julius Sturgis estaba haciendo *pretzels* blandos en su panadería de Pensilvania. Una tanda de *pretzels* quedó demasiado tiempo en el horno y se quemó. Sturgis los probó de todos modos. Estaban sabrosos y crocantes. Otros dicen que se hicieron los *pretzels* duros a propósito para que duraran mucho más que los blandos. De todas maneras, ¡el *pretzel* duro había nacido!

Un panadero vende *pretzels* en el siglo xv.

La panadera Helen Hoff tiene el récord mundial de plegado de *pretzels*. ¡Puede doblar 57 *pretzels* en un minuto!

INGENIERÍA

Preparar *pretzels*

La mayoría de los *pretzels* se hacen con máquinas. Primero, se ponen unos 50 kg (110 lb) de masa en una **cinta transportadora**. Las máquinas enrollan y cortan la masa con la longitud y el ancho correctos. Luego, una máquina "torcedora" le da forma a la masa. Las máquinas sumergen los *pretzels* en líquido y luego los salan. Por último, llevan los *pretzels* al horno, luego al lugar donde se secarán y, finalmente, los envasan.

La ciencia de los alimentos

El *pretzel* duro probablemente fue el resultado de un error. Pero en la actualidad, hay trabajadores cuya única tarea es pensar en nuevos productos para comer. Parte de ese trabajo es buscar maneras de que los alimentos sean más sabrosos y se conserven más tiempo. Esas personas trabajan en la ciencia de los alimentos.

La ciencia de los alimentos es el estudio de la comida. A los científicos especialistas en alimentos les pagan por jugar con la comida. Es su trabajo hacer que las comidas que tanto nos gustan sean aún mejores. Para eso, prueban diferentes productos en fábricas de alimentos y bebidas, e investigan nuevos ingredientes en laboratorios. También se aseguran de que los alimentos sean seguros para el consumo. Su trabajo se ve en muchos de los bocadillos envasados que tanto nos gustan.

El menú del científico

Los científicos especialistas en alimentos usan prácticas científicas para mejorar los alimentos. Hacen preguntas para definir los problemas. Luego, planifican y realizan investigaciones. Analizan e interpretan los datos. Luego, los usan para diseñar soluciones para los problemas.

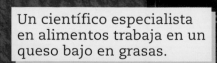

Un científico especialista en alimentos trabaja en un queso bajo en grasas.

Queso al instante

En la década de 1950, a los científicos de Kraft®
les pidieron que crearan una salsa de queso
envasada que ahorrara tiempo en la cocina.
La salsa debía permanecer blanda. Debía
derretirse bien con el calor. Y debía durar
mucho tiempo. Los científicos mezclaron
diferentes quesos con colorante de alimentos,
sales y **emulsionantes**, que evitaban que los
líquidos se separaran. Pasaron más de un año
haciendo experimentos. El resultado fue
Cheez Whiz®.

Los científicos especialistas en alimentos tienen muchos problemas que resolver. Uno podría ser cómo lograr un helado más cremoso. O qué tipo de envase mantiene la fruta fresca por más tiempo. Algunos quieren saber cómo hacer papas fritas con sabor a hamburguesa. O cómo quitar la grasa de los alimentos sin cambiarles el sabor. Los especialistas en alimentos pasan sus días resolviendo ese tipo de problemas.

¡Extra! ¡Extra!

Los científicos especialistas en alimentos a veces usan **aditivos**. Son ingredientes naturales o **artificiales** que se agregan a los alimentos. El uso de aditivos comenzó a aumentar en la década de 1950. Las empresas siguen usándolos en la actualidad para tratar de cambiar sus productos. Pueden mejorar el sabor de los alimentos. Pueden cambiar el color y la **textura**. Los aditivos también pueden mantener los alimentos frescos por más tiempo.

Algunos helados contienen aditivos que los hacen más cremosos.

¡Se necesitan 45 kg
(100 lb) de papas para
hacer 11 kg (25 lb)
de papas fritas!

La variedad de bocadillos ha aumentado enormemente en los últimos 70 años. En parte, fue gracias a la invención de los aditivos y las nuevas tecnologías en alimentos. Hoy las empresas hacen bocadillos de todos los tamaños, formas y sabores. ¿Tienes **antojo** de algo salado? Prueba las nueces tostadas. También hay galletas con sabor a pizza. ¿Te encantan los dulces? ¡Hay cientos de opciones en los escaparates del supermercado!

Eres lo que comes

Sin embargo, los bocadillos tienen sus desventajas. Muchas personas creen que la popularidad de la comida chatarra nos ha llevado a adoptar hábitos alimenticios poco saludables. Los médicos están preocupados porque la comida chatarra está causando un aumento en la **obesidad** infantil. Entonces, ¿cómo es posible hacer bocadillos envasados que sean más saludables? Esa es otra pregunta que deberán responder los especialistas en alimentos.

Una solución es crear recetas que disminuyan la cantidad de grasa, sal y azúcar que contienen los bocadillos y los refrescos. Pero ¿cómo mantener el sabor? ¡No es fácil!

Los escaparates de los supermercados están llenos de bocadillos tanto saludables como dañinos.

Algunos bocadillos y refrescos saludables también tienen aditivos. Probablemente has visto refrescos dietéticos y caramelos sin azúcar en el supermercado. Los científicos han eliminado el azúcar de esos productos. Lo han reemplazado con endulzantes artificiales. Esas sustancias endulzan las comidas y las bebidas sin agregar calorías.

Lo que ocultan las calorías

Una *caloría* es una unidad de medida. Indica cuánta energía puede obtener tu cuerpo al comer algo. La mayoría de las comidas y las bebidas tienen calorías. Algunas tienen más que otras. El cuerpo necesita calorías para tener energía. Las calorías nos ayudan estar en movimiento. Los niños también necesitan calorías para crecer.

Comer más calorías de las que usas puede hacerte subir de peso. Sobre todo, si no usas esas calorías para jugar y hacer ejercicio. Subir mucho de peso puede causar problemas de salud. Por eso, es importante tomar buenas decisiones alimenticias.

Información nutricional		
Porción 2 oz (56 g - aprox. 1/7 de caja) Aprox. 7 porciones por envase		
Cantidad por porción		
Calorías		**200**
	% de los valores diarios*	
Grasas totales 6.5 g		**2** %
Grasas saturadas 4 g		**0** %
Grasas trans 2 g		
Colesterol 6.0 mg		**0** %
Sodio 10 mg		**0** %
Carbohidratos totales 41g		**14** %
Fibra alimentaria 6 g		**24** %
Azúcares 2 g		
Proteínas 7 g		

Cuando miramos televisión o dormimos, gastamos solo una caloría por minuto. Cuando bailamos, jugamos y hacemos actividad física, podemos gastar más de 75 calorías por minuto.

17

Usar los sentidos

Muchas veces, las personas usan los cinco sentidos para escoger lo que comerán. Así es. Comer no solo tiene que ver con el sabor de la comida. También se trata de ver, oler, tocar y hasta escuchar la comida. Los científicos especialistas en alimentos piensan en todas esas cosas cuando crean sus recetas y las ponen a prueba.

Los ojos son lo primero que usamos cuando comemos. Imagina que estás en la cocina buscando un bocadillo. Tomas un yogur de fresa del refrigerador y le quitas la tapa. ¿Qué es lo primero que notas? El color rosado, ¿no es cierto? Pero es posible que ese color no venga de las fresas que contiene el yogur. A veces, los científicos usan colorante de alimentos para que el yogur se vea rosado. Lo hacen para **realzar** su apariencia. En este caso, el colorante podría engañar a tu cerebro para que piense que el yogur tiene más sabor a fresa del que tiene en realidad.

ARTE

Código de colores

Los diseñadores usan colores específicos en los paquetes de papas fritas según el sabor. Las papas que tienen sabor a cebolla y queso crema suelen venir en bolsa verde. Eso es para que los compradores piensen en la cebolla de verdeo. Las papas que tienen sabor a salsa de barbacoa suelen venir en bolsas de un rojo oscuro, parecido al color de la salsa. Ese código de colores ayuda a los consumidores a identificar los sabores más rápidamente.

También se pueden agregar aromas naturales y artificiales. Después de todo, cuanto mejor huela algo, más atractivo será ¡y más ganas tendrá la gente de probarlo!

Los científicos especialistas en alimentos también podrían tratar de mejorar la textura para que los alimentos sean más agradables. Un ejemplo es un ingrediente especial que se le agrega al helado. Evita que se formen cristales de hielo. También mantiene la cremosidad del helado.

Y con este ya cubrimos cuatro de los cinco sentidos, pero ¿qué pasa con el sonido? ¿Cómo usamos los oídos para comer? Presta atención. Escucha el sonido crujiente de la manzana cuando le das un mordisco. Escucha el ruido que hace el cereal cuando le echas leche encima. Cuando comemos, usamos todos los sentidos.

En 2015, un grupo de estudiantes de la Universidad de Wisconsin marcaron un récord. Hicieron un "bocadillo" con Rice Krispies® que pesó 5,138 kg (11,327 lb).

El sonido de los alimentos cuando se cocinan puede hacernos sentir hambre.

Pensar rápido

Las familias están muy ocupadas hoy en día. Muchos padres trabajan todo el día, y los niños están ocupados con las actividades que hacen después de la escuela. Las empresas saben que, para vender sus productos, tienen que hacer alimentos baratos y **convenientes**. Las fábricas y plantas procesadoras de alimentos modernas les permiten hacer exactamente eso.

Los alimentos frescos, como las carnes, frutas y verduras, pueden echarse a perder muy rápido. Por eso, los científicos han inventado maneras de que duren más. Ese método se conoce como **procesamiento** de alimentos. A menudo, los alimentos procesados contienen aditivos. Todos los alimentos envasados, desde los bastoncitos de mozzarella hasta las tiritas de carne seca, han sido procesados. ¿Esas zanahoritas que te encantan? También están procesadas. Las pelan y las limpian en una fábrica. Luego, las separan y las ponen en bolsas selladas, listas para comer.

Las zanahorias se pelan y se limpian para hacer zanahorias en miniatura.

TECNOLOGÍA

Frescos por más tiempo

Las personas buscan maneras de preservar los alimentos desde hace miles de años. Antes de que existieran los congeladores y los refrigeradores, los alimentos como las carnes tenían que prepararse de cierta manera para que duraran más. Las personas aprendieron que podían preservar la carne por más tiempo si la frotaban con sal, especias y otros ingredientes, y luego la colgaban para que se seque. Ese método se llama **curado**. Es un método común en la actualidad.

Las fábricas también han facilitado el procesamiento de alimentos. Las empresas contratan equipos de ingenieros, que diseñan máquinas y herramientas de acuerdo con las necesidades de la empresa. El equipamiento les permite preparar, crear y empaquetar grandes cantidades de alimentos en poco tiempo. La empresa ahorra tiempo y dinero. En consecuencia, los consumidores también ahorran tiempo. Piensa en tus bocadillos favoritos. ¿Cuántos crees que son procesados?

Muchas personas esperan poder comprar sus bocadillos favoritos en el momento que quieren. Eso ha dado lugar al aumento de las tiendas rápidas. Estas tiendas de vecindario son una popular parada para obtener bocadillos y bebidas desde mediados del siglo xx . Las tiendas rápidas son exactamente lo que indica su nombre. Ayudan a los clientes a encontrar bocadillos con rapidez. Están en casi todos lados. Están abiertas muchas horas. Y suelen estar más cerca que los supermercados.

Este tipo de caja registradora solía usarse en las tiendas de ramos generales.

FIVE & DIME GENERAL STORE

¿Cómo obtuvo su nombre la tienda rápida 7-Eleven®? La tienda solía estar abierta entre las 7:00 a. m. y las 11:00 p. m.

Esta máquina prepara rápidamente los *dumplings* para ser envasados.

Escoger bien

Los bocadillos que pueden comerse rápido son una gran parte de los hábitos alimenticios de hoy. Las innovaciones en la industria de los alimentos nos permiten comer bocadillos en cualquier lugar. Las personas comen bocadillos en casa. Los niños comen bocadillos en la escuela. Los adultos los comen en el trabajo. Gracias a las ventanillas de venta al paso, ni siquiera hay que bajarse del carro para comprar bocadillos. Las empresas de alimentos constantemente desafían a sus científicos para que inventen nuevos productos que se vendan de manera rápida y conveniente.

Pero tanta velocidad y conveniencia ha dado lugar a hábitos alimenticios poco sanos. Es cuestión de saber escoger. Si escoges alimentos más saludables, aún puedes mantener los bocadillos como parte de una dieta balanceada. Entonces, ¿qué vas a comer hoy?

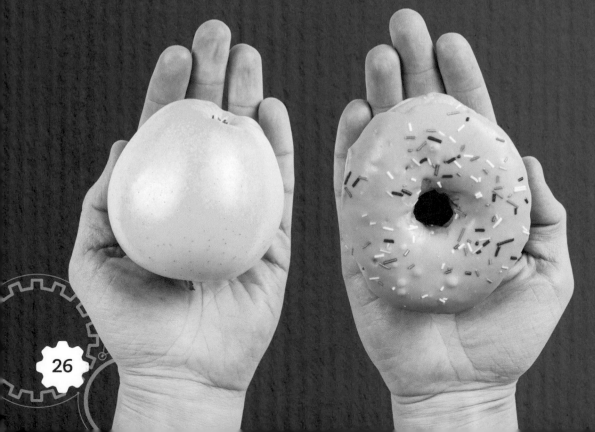

Esta ventanilla de venta al paso para trineos abrió en Suecia, en 1996.

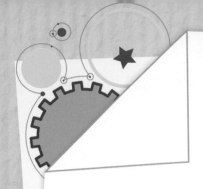

DESAFÍO DE CTIAM

Define el problema

Un científico especialista en alimentos te ha pedido que lo ayudes a crear un bocadillo delicioso para niños. Usa lo que has aprendido sobre los bocadillos para preparar 170 gramos (6 onzas) de un surtido de muestra.

Limitaciones: El surtido de muestra debe tener menos de 300 calorías. Debe contener al menos tres ingredientes diferentes.

Criterios: Al menos cinco niños deben probar, y aprobar, el sabor de tu surtido. (**Nota:** Dales a tus probadores una lista de los ingredientes para asegurarte de que no sean alérgicos a nada de lo que se incluya en la receta).

Investiga y piensa ideas

¿Qué debes considerar para hacer un bocadillo más saludable? ¿Te concentrarás primero en las calorías o en el sabor? ¿Cómo cambiarías tu receta en función de los consumidores a los que te diriges?

Diseña y construye

Haz una lista de los ingredientes y sus calorías. ¿Cuánto de cada ingrediente usarás para crear tu surtido? Incluye la cantidad de cada ingrediente que necesitarás para crear 170 g (6 oz) de tu receta. Combina ingredientes para crear el bocadillo.

Prueba y mejora

Pídeles a tus probadores que usen los cinco sentidos para juzgar tu bocadillo. ¿Escogerían tu bocadillo si lo vieran en una tienda? Pídeles a los probadores que comenten qué se podría mejorar. Modifica la receta y vuelve a prepararla.

Reflexiona y comparte

¿Cómo puedes mejorar la receta? ¿Cuál sería la mejor manera de envasar tu bocadillo?

Glosario

aditivos: sustancias que se agregan a algo en pequeñas cantidades

almidón: una sustancia blanca que se encuentra en alimentos, como el maíz y las papas, y se usa como espesante en salsas

antojo: un fuerte deseo

artificiales: hechos por los seres humanos; no naturales

calorías: unidades que miden la energía

cinta transportadora: una cinta de tela, metal o caucho que se pone en movimiento y se usa para transportar objetos de un lugar a otro

convenientes: cómodos o prácticos

curado: un método que se usa para preservar los alimentos con el fin de almacenarlos

emulsionantes: sustancias que impiden que los líquidos se separen

innovaciones: ideas, métodos o aparatos nuevos

leyenda: el relato de un suceso del pasado cuya verdad se acepta pero no se puede comprobar

monjes: miembros masculinos de un grupo religioso, que prometen ser pobres, obedecer las reglas del grupo y no casarse

obesidad: un estado en el que alguien tiene mucho sobrepeso

procesamiento: cambios físicos o químicos que se hacen a los alimentos para poder envararlos o para que duren más

realzar: mejorar las cualidades de algo

revolución: un cambio repentino, extremo o completo en la manera en que viven las personas

textura: la estructura y disposición de algo; cómo se siente algo al tacto

Índice

¿Quieres estudiar los bocadillos?
Estos son algunos consejos para empezar.

"Los alimentos y la historia son parte de mi vida desde hace mucho tiempo. Cuando era niña, en el verano no iba de viaje a Disney World sino a lugares históricos como Gettysburg. Busca maneras de explorar tus intereses. Aprender sobre la historia te ayuda a encontrar maneras de mejorar los inventos del pasado".
—*Ashley R. Young, Ph.D., historiadora*

"Parte de mi trabajo es hallar objetos que puedan incluirse en el museo. Es importante registrar la historia de los alimentos para las próximas generaciones. Comprender la ciencia y la historia de los alimentos es importante para hacer este trabajo".
—*Paula Johnson, curadora de museo*